Impressum
Verlag: BABADADA GmbH, Nedderfeld 112 , 22529 Hamburg
Geschäftsführer / Verlagsleitung: Harald Hof
Druck: Books on Demand GmbH, In de Tarpen 42, 22848 Norderstedt

Imprint
Publisher: BABADADA GmbH, Nedderfeld 112 , 22529 Hamburg, Germany
Managing Director / Publishing direction: Harald Hof
Print: Books on Demand GmbH, In de Tarpen 42, 22848 Norderstedt

سکول

l'école

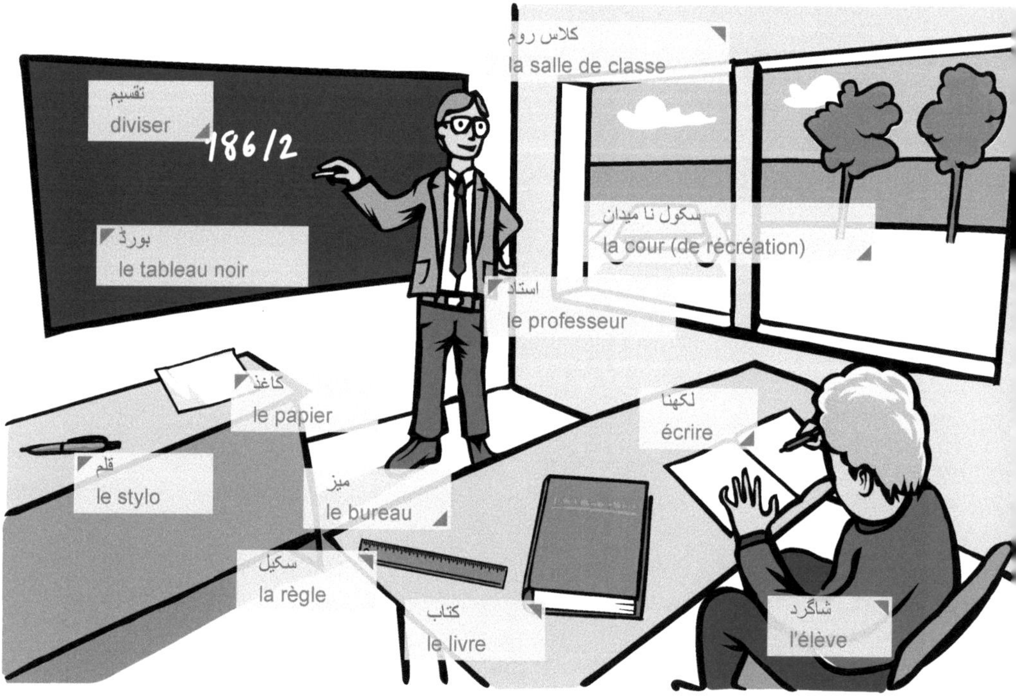

کلاس روم
la salle de classe
تقسیم
diviser
186/2
بورڈ
le tableau noir
سکول نا میدان
la cour (de récréation)
استاد
le professeur
کاغذ
le papier
لکھنا
écrire
قلم
le stylo
میز
le bureau
سکیل
la règle
کتاب
le livre
شاگرد
l'élève

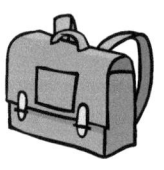

جزدان

le cartable

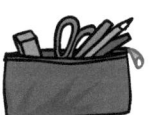

پینسل دا ڈبہ

la trousse

پینسل

le crayon

پینسل شارپنر

le taille-crayon

ربر

la gomme

ڈرائنگ پیڈ

le carnet à dessin

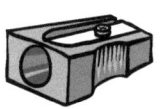

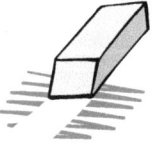

ڈراﺋﻨﮓ

le dessin

پﯿﻨٹ ﺑﺮش

le pinceau

پﯿﻨٹ ﺑﺎﮐﺲ

la boîte de peinture

ﻗﯿﻨﭽﯽ

les ciseaux

ﮔﻠﻮ

la colle

ﻣﺸﻘﯽ ﮐﺘﺎب

le cahier d'exercices

ﮔﮭﺮ دا ﮐﻢ

les devoirs

ﻋﺪد

le chiffre

2+2

ﺟﻤﻊ

additionner

5-2

ﺗﻔﺮﯾﻖ

soustraire

2×2

ﺿﺮب

multiplier

ﮐﯿﻠﮑﻮﻟﯿٹ

calculer

A

ﺧﻄﺮه

la lettre

ABCDEFG
HIJKLMN
OPQRSTU
VWXYZ

ﺣﺮوف ﺗﮩﺠﯽ

l'alphabet

ﻟﻔﻆ

le mot

متن

le texte

پڑھنا

lire

چاک

la craie

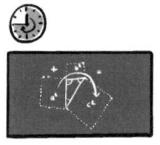

سبق

la leçon

رجسٹر

le livre de classe

امتحان

l'examen

سند

le certificat

سکول نی وردی

l'uniforme scolaire

تعلیم

la formation

انسائیکلوپیڈیا

le lexique

یونیورسٹی

l'université

مائیکرو سکوپ

le microscope

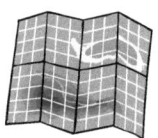

نقشہ

la carte

کچرے نا ڈبہ

la corbeille à papier

le voyage

بوتل
l'hôtel

Grand

باستل
l'auberge

ROOMS

↔
CHANGE

ایکسچینج دفتر
le bureau de change

سوٹ کیس
la valise

کار
la voiture

بولی
la langue

ہاں /نہیں
oui / non

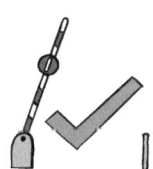

ٹھیک ہے
d'accord

اسلام و علیکم
Salut

ترجمان
l'interprète

شکریہ
merci

ایہہ کنے نے ؟

Combien coûte...?

می سمجھ نئیں رلی

Je ne comprends pas

مسئلہ

le problème

اسلام و علیکم

Bonsoir !

اسلام و علیکم

Bonjour !

اللہ حافظ

Bonne nuit !

اللہ نے حوالے

Au revoir

سمت

la direction

سامان

les bagages

بیگ

le sac

بیک پیک

le sac-à-dos

مہمان

l'hôte

کمرہ

la pièce

سلیپنگ بیگ

le sac de couchage

خیمہ

la tente

سياح لئی معلومات

l'office de tourisme

ساحل سمندر

la plage

کريڈٹ کارڈ

la carte de crédit

ناشتہ

le petit-déjeuner

دوپہر نا کھانا

le déjeuner

رات نا کھانا

le dîner

ٹکٹ

le billet

لفٹ

l'ascenseur

مہر

le timbre

بارڈر

la frontière

کسٹمز

la douane

ايميبيسى

l'ambassade

ويزا

le visa

پاسپورٹ

le passeport

ٹرانسپورٹ

le transport

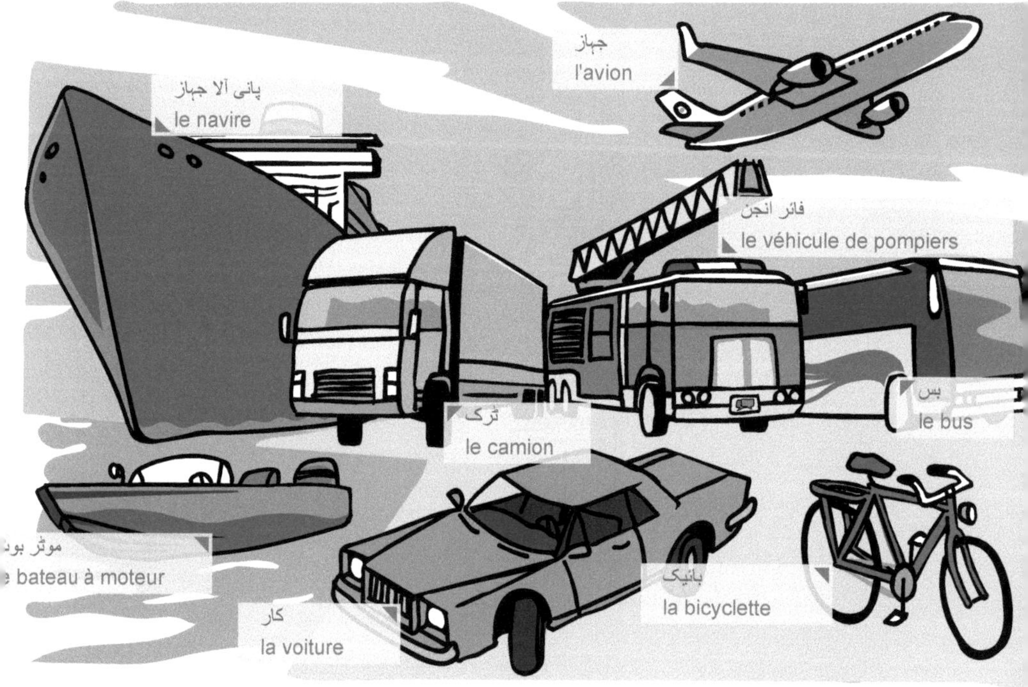

جہاز
l'avion
پانی آلا جہاز
le navire
فائر انجن
le véhicule de pompiers
بس
le bus
ٹرک
le camion
موٹر بود
e bateau à moteur
بائیک
la bicyclette
کار
la voiture

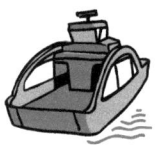

فیری

....

le ferry

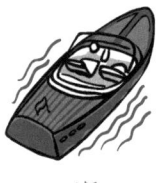

کشتی

....

la barque

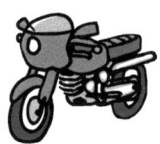

موٹر بائیک

....

la moto

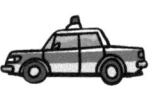

پولیس کار

....

la voiture de police

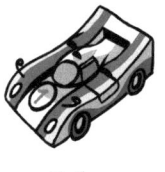

ریسنگ کار

....

la voiture de course

کرایہ نی گڈّ

....

la voiture de location

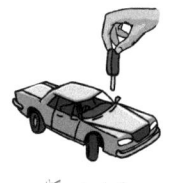

کار شنیرنگ

l'auto-partage

بریک ڈاؤن ٹرک

la voiture de remorquage

ریفیوز ٹرک

la benne à ordures

موٹر

le moteur

فیول

l'essence

پٹرول سٹیشن

la station d'essence

ٹریفک سائن

le panneau indicateur

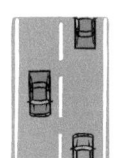

ٹریفک

le trafic

ٹریفک جام

l'embouteillage

کار پارک

le parking

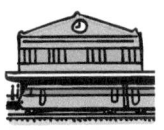

ریل سٹیشن

la gare

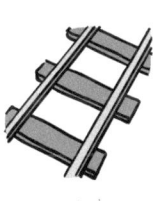

ٹریکس

les rails

ریل

le train

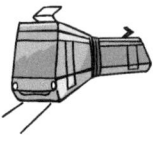

ٹرام

le tramway

ویگن

le wagon

بیلی کاپٹر

l'hélicoptère

ائر پورٹ

l'aéroport

مینار

la tour

مسافر

le passager

کنٹینر

le conteneur

کاٹن

le carton

چھکڑا

le chariot

بالٹی

la corbeille

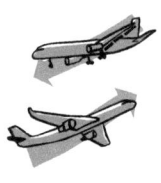

اڈنا / لبنا

décoller / atterrir

شہر

la ville

پنڈ

le village

سٹی سینٹر

le centre-ville

گھر

la maison

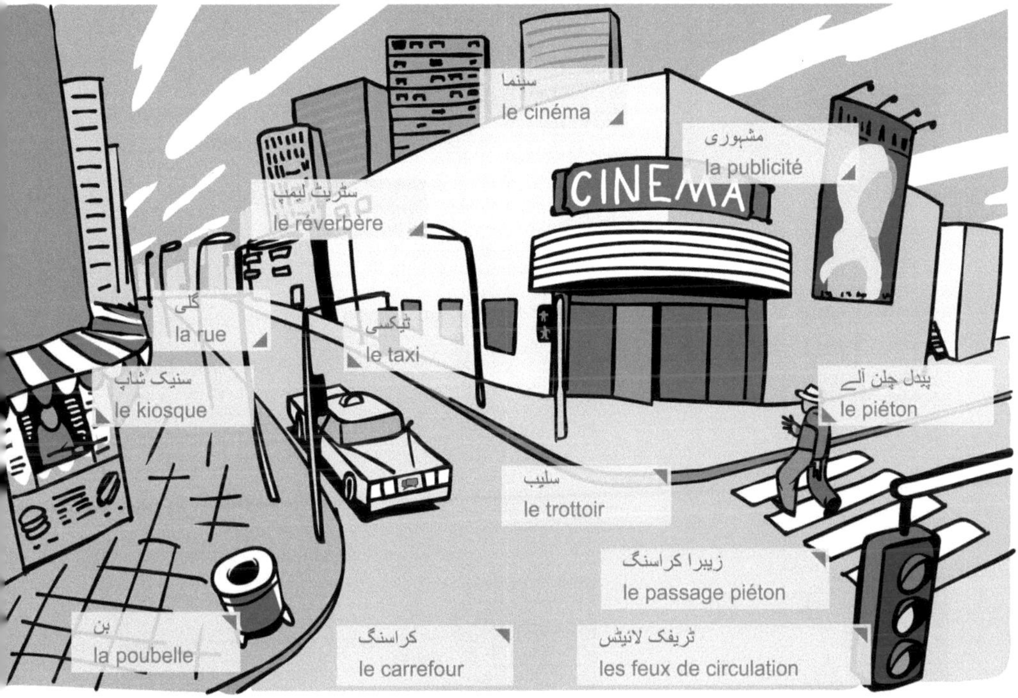
سینما
le cinéma
CINEMA
مشہوری
la publicité
سٹریٹ لیمپ
le réverbère
گلی
la rue
ٹیکسی
le taxi
سنیک شاپ
le kiosque
پیدل چلن آلے
le piéton
سلیب
le trottoir
زیبرا کراسنگ
le passage piéton
بن
la poubelle
کراسنگ
le carrefour
ٹریفک لائیٹس
les feux de circulation

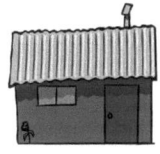

ہٹ

la cabane

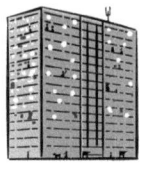

فلیٹ

l'appartement

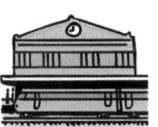

ریل سٹیشن

la gare

ٹاؤن ہال

la mairie

MUSEUM

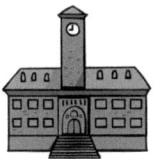

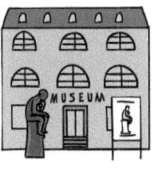

میوزئیم

le musée

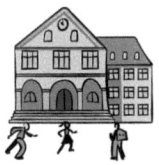

سکول

l'école

یونیورسٹی

l'université

بینک

la banque

ہسپتال

l'hôpital

ہوٹل

l'hôtel

فارمیسی

la pharmacie

دفتر

le bureau

کتب خانہ

la librairie

بٹی

le magasin

پھلاں الے

le fleuriste

سپر مارکیٹ

le supermarché

بازار

le marché

ڈیپارٹمنٹ سٹور

le grand magasin

مچھہرے

la poissonnerie

شاپنگ سینٹر

le centre commercial

بندرگاہ

le port

پارک

le parc

بنچ

la banque

پل

le pont

سیڑھیاں

les escaliers

انڈر گراؤنڈ

le métro

ٹنل

le tunnel

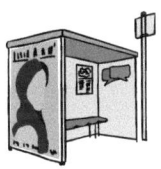

بس سٹاپ

l'arrêt de bus

بار

le bar

ریسٹورنٹ

le restaurant

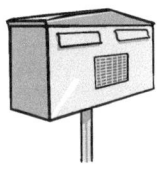

پوسٹ بکس

la boîte à lettres

سٹریٹ سائن

le panneau indicateur

پارکنگ میٹر

le parcmètre

چڑیا گھار

le zoo

سٹریٹ لائٹ

le réverbère

مسجد

la mosquée

فارم

la ferme

آلودگی

la pollution

قبرستان

la cimetière

چرچ

l'église

پلے گراؤنڈ

l'aire de jeux

مندر

le temple

منظر

le paysage

پتہ
la feuille

سائن پوسٹ
le panneau indicateur

راہ
le chemin

سر سبز میدان
le pré

پتھر
la pierre

درخت
l'arbre

بانگر
le randonneur

دریا
la rivière

کاہ
l'herbe

پھل
la fleur

وادی

la vallée

پہاڑی

la montagne

نہر

le lac

جنگل

la forêt

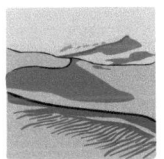

صحرا

le désert

آتش فشاں

le volcan

قلعہ

le château

رین بو

l'arc-en-ciel

کھمبی

le champignon

پام ٹری

le palmier

مچھر

le moustique

مکھی

la mouche

چیونٹا

les fourmis

مکھی

l'abeille

مکڑی

l'araignée

بهونرا

le coléoptère

مينټک

la grenouille

گلبری

l'écureuil

سپیږمه

le hérisson

ساهيا

le lièvre

الو

la chouette

پرنده

l'oiseau

راج هنس

le cygne

نر سور

le sanglier

پرن

le cerf

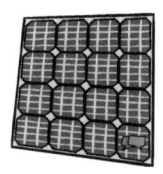

باره سنگا

l'élan

ډيم

le barrage

ونډ ټربائن

l'éolienne

شمسی توانائی دا پینل

le panneau solaire

آب و بوا

le climat

ریسٹورنٹ
le restaurant

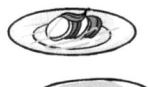

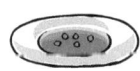

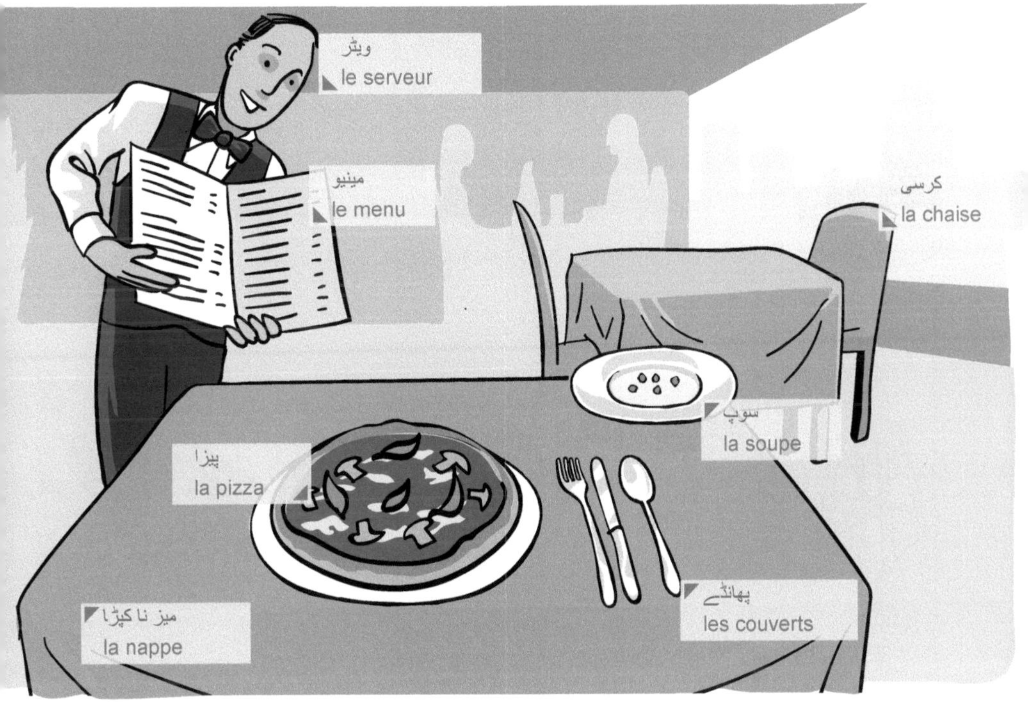

ویٹر
le serveur
مینیو
le menu
کرسی
la chaise
سوپ
la soupe
پیزا
la pizza
میز نا کپڑا
la nappe
پھانڈے
les couverts

سٹارٹر
....
les hors d'œuvre

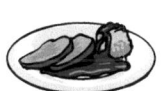

مین کورس
....
le plat principal

ڈیزرٹ
....
le dessert

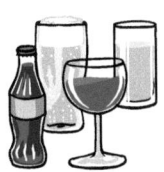

مشروب
....
les boissons

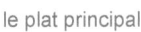

کھانا
....
l'alimentation

بوتل
....
la bouteille

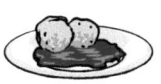

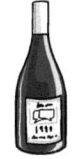

فاسٹ فوڈ

le fast-food

سٹریٹ فوڈ

les plats à emporter

ٹی پاٹ

la théière

شوگر بول

le sucrier

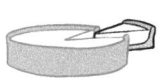

پورشن

la portion

اسپریسو مشین

la machine à expresso

ہائی چیئر

la chaise haute

بل

la facture

ٹرے

le plateau

چھری

le couteau

کانٹا

la fourchette

چمچ

la cuillère

ٹی سپون

la cuillère à thé

تولیہ

la serviette

گلاس

le verre

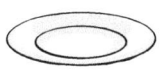

پلیٹ

l'assiette

سوپ پلیٹ

l'assiette à soupe

ساسر

la soucoupe

چٹنی

la sauce

نمک دانی

la salière

پیپر مل

le moulin à poivre

سرکہ

le vinaigre

تیل

l'huile

مصالحہ

les épices

کیچپ

le ketchup

سرسوں

la moutarde

مینیز

la mayonnaise

سپر مارکیٹ

le supermarché

سپیشل آفر
l'offre promotionnelle
FOR
گاہک
le client
ڈیری
les produits laitiers
پھل
les fruits
ٹرالی
le chariot

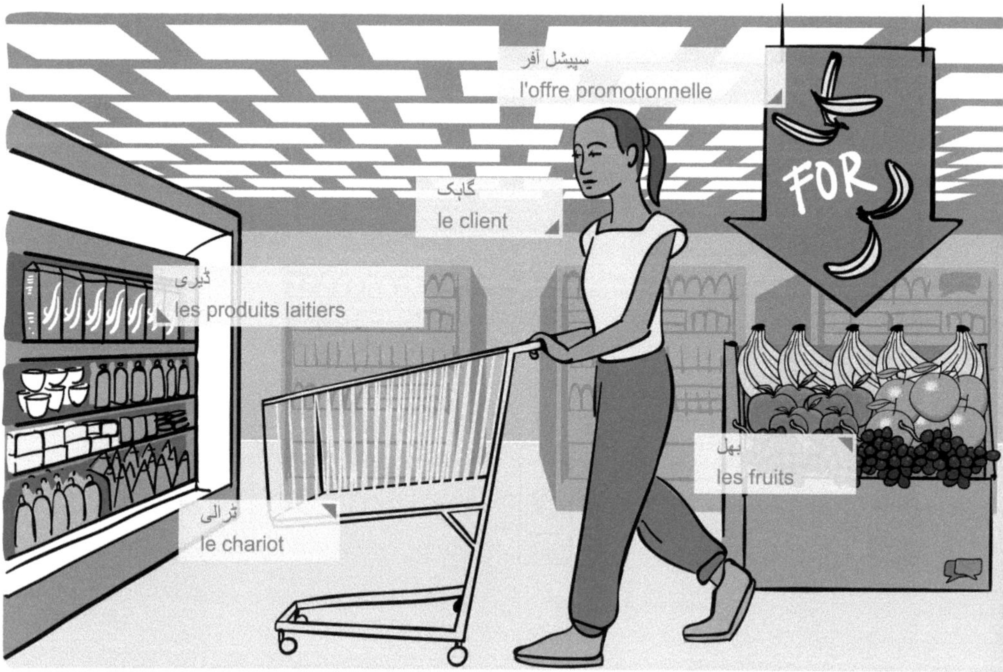

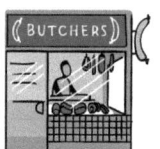

قصائی

la boucherie

BAKERY

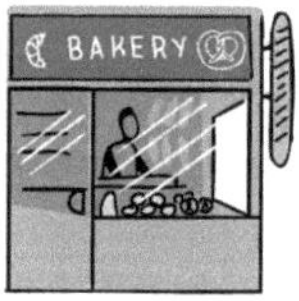

بیکرز

la boulangerie

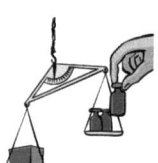

وزن

peser

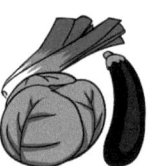

سبزیاں

les légumes

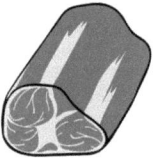

گوشت

la viande

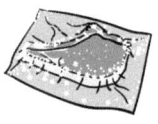

فروزن فوڈ

les aliments surgelés

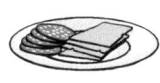

کولڈ گوشت

la charcuterie

ٹن فوڈ

les conserves

واشنگ پوڈر

la poudre à lessive

مٹھائی

les bonbons

کھار دیاں چیزاں

les articles ménagers

صفائی آلی چیزاں

les détergents

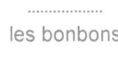

سیل مین

la vendeuse

ٹل

la caisse

کیشنیر

le caissier

شاپنگ لسٹ

la liste d'achats

کھلن دا ویلا

les heures d'ouverture

پرس

le portefeuille

کریڈٹ کارڈ

la carte de crédit

بیگ

le sac

پلاسٹک بیگ

le sac en plastique

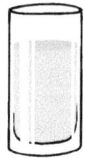

پانی

l'eau

جوس

le jus de fruit

ددھ

le lait

کوک

le coca

شراب

le vin

شراب

la bière

شراب

l'alcool

کوکا

le chocolat chaud

چا

le thé

کافی

le café

اسپریسو

l'expresso

کپیچینو

le cappuccino

كيلا

la banane

سيب

la pomme

موسمبى

l'orange

تربوز

le melon

نيمبو

le citron.

گاجر

la carotte

لہسن

l'ail

بانس

le bambou

پياز

l'oignon

كهمبى

le champignon

ميوے

les noisettes

نوڈلز

les pâtes

سپیگیٹی

les spaghetti

چاول

le riz

سلاد

la salade

چپس

les pommes frites

تلے ہوئے آلو

les pommes de terre rôties

پیزا

la pizza

بیم برگر

le hamburger

سینڈوچ

le sandwich

تکے

l'escalope

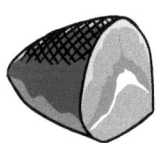

بیم

le jambon

سلامی

le salami

ساسج

la saucisse

مرغی

le poulet

بھنیا ہویا

le rôti

مچھی

le poisson

جو نا دلیہ

les flocons d'avoine

مولی

le muesli

کارن فلیکس

les cornflakes

آٹا

la farine

کرائسنٹ

le croissant

بریڈ رول

les petits-pains

روٹی

le pain

ٹوسٹ

le pain grillé

بسکٹ

les biscuits

مکھن

le beurre

دہی

le fromage blanc

کیک

le gâteau

انڈا

l'œuf

تلیا انڈا

l'œuf au plat

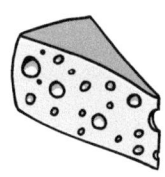

پنیر

le fromage

أنس كريم

la glace

چینی

le sucre

شہد

le miel

جام

la confiture

چاکلیٹ سپریڈ

la crème nougat

سالن

le curry

فارم
la ferme

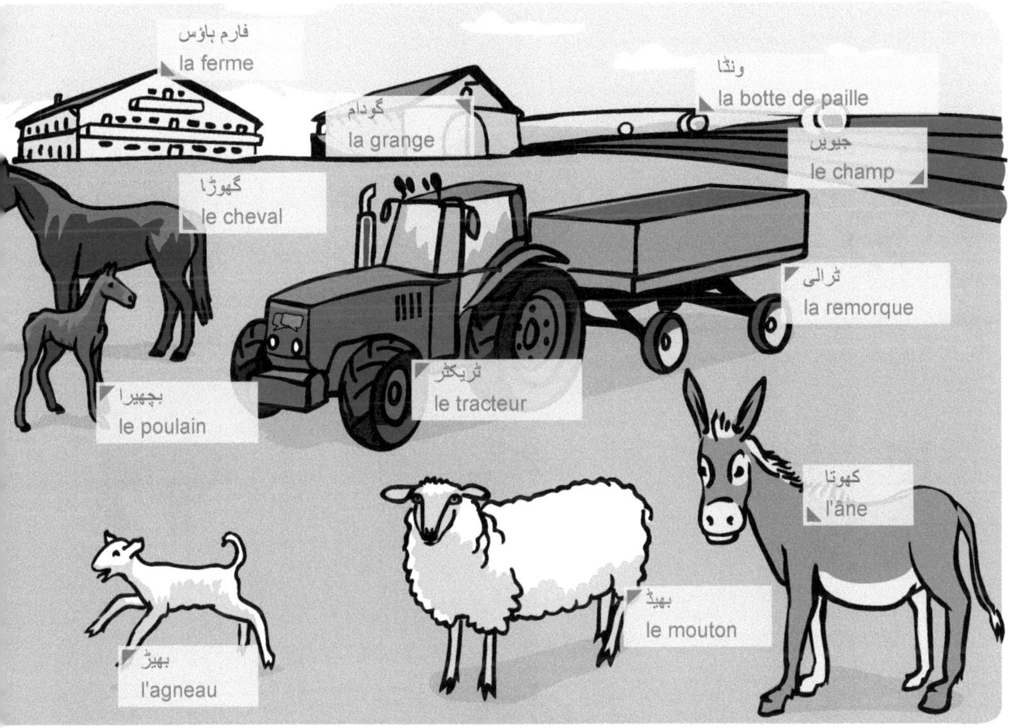
فارم ہاؤس
la ferme
گودام
la grange
ونڈا
la botte de paille
جیویں
le champ
گھوڑا
le cheval
ٹرالی
la remorque
بچھیرا
le poulain
ٹریکٹر
le tracteur
کھوتا
l'âne
بھیڈ
le mouton
بھیڑ
l'agneau

بکری
la chèvre

گاں
la vache

بچھڑا
le veau

سور
le porc

پگ لیٹ
le porcelet

بیل
le taureau

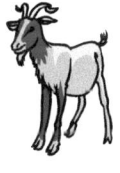

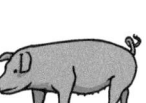

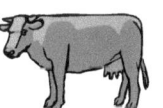

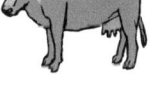

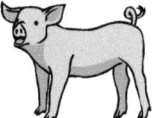

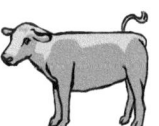

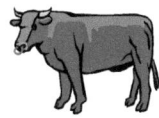

بطخ

l'oie

بطخ

le canard

چوزہ

le poussin

مرغی

la poule

مرغا

le coq

چوہا

le rat

بلی

le chat

چوہا

la souris

بیل

le bœuf

کتا

le chien

کتے نا کھار

le chenil

لان نا پائپ

le tuyau de jardin

پانی نا ڈبی

l'arrosoir

درانتی

la faucheuse

بل

la charrue

درانتی

la faucille

بو

la pioche

ترنگل

la fourche

کوہاڑی

la hache

ریڑھی

la brouette

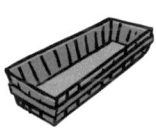

ڈونگا

la cuve

دودھ نا ڈبہ

le pot à lait

بورا

le sac

باڑ

la clôture

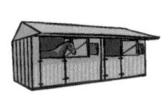

اصطبل

l'étable

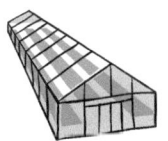

گرین ہاؤس

le serre

مٹی

le sol

بیج

les semences

کھاد

l'engrais

کمبائن ہاروبسٹر

la moissonneuse-batteuse

فصل
....
récolter

فصل
....
la récolte

يامز
....
l'igname

كنك
....
le blé

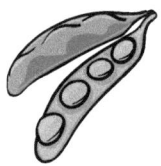

سويا
....
le soja

ألو
....
la pomme de terre

مكئى
....
le maïs

تلى
....
le colza

پهلدار درخت
....
l'arbre fruitier

كاساوا
....
le manioc

اناج
....
les céréales

کھار
la maison

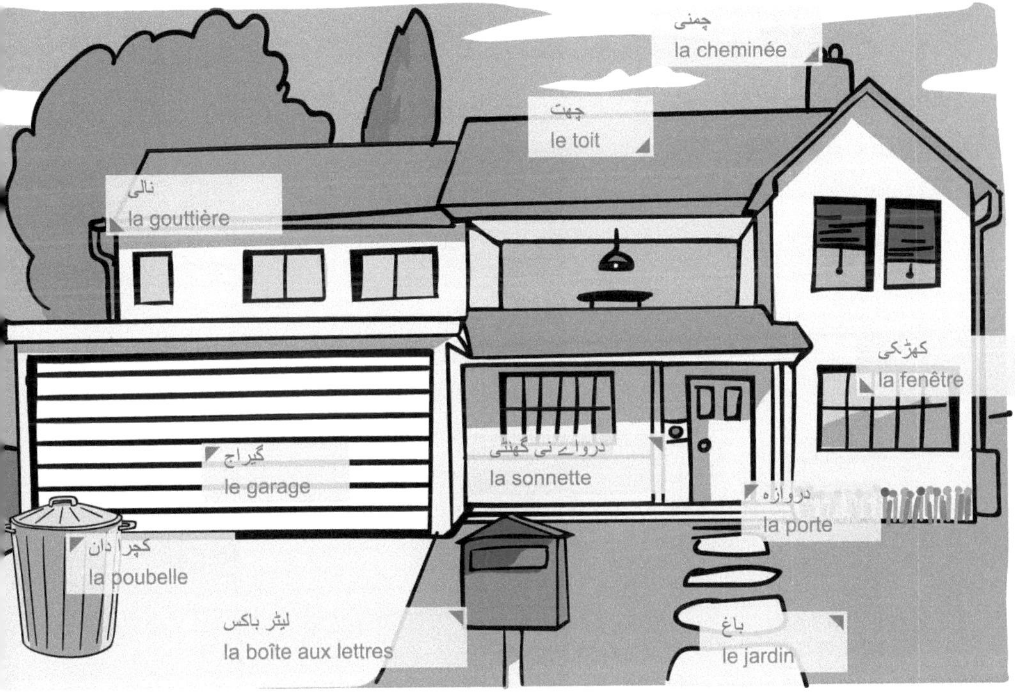
چمنی
la cheminée
چھت
le toit
نالی
la gouttière
کھڑکی
la fenêtre
گیراج
le garage
دروازے نی گھنٹی
la sonnette
دروازہ
la porte
کچرا دان
la poubelle
لیٹر باکس
la boîte aux lettres
باغ
le jardin

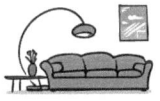

لونگ روم

le salon

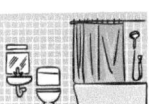

باتھ روم

la salle de bain

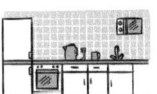

باورچہ خانہ

la cuisine

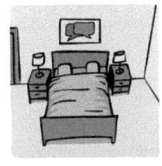

بیڈروم

la chambre à coucher

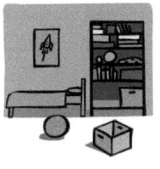

بچیاں نا کمرہ

la chambre d'enfant

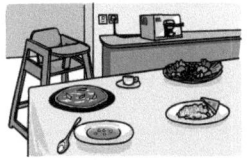

ڈائننگ روم

la salle à manger

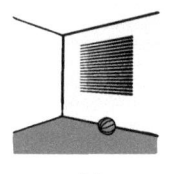

فرش

le sol

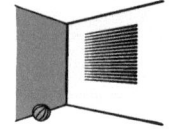

ديوار

le mur

چهت

le plafond

بلمى

la cave

سوانا

le sauna

بالكنى

le balcon

ثيرس

la terrasse

پول

la piscine

لان موور

la tondeuse à gazon

شيٹ

la housse

بيڈ سيريٹ

la couette

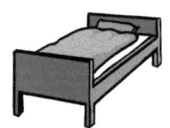

بيڈ

le lit

جهاڑو

le balai

بالٹى

le sceau

سوئچ

l'interrupteur

لونگ روم

le salon

وال پیپر
le papier peint
تصویر
l'image
لیمپ
la lampe
شیلف
l'étagère
الماری
l'armoire
ٹیلیویژن
la télé
آگ دان
la cheminée
پھل
la fleur
کشن
le coussin
صوفہ
le sofa
گلدان
le vase
ریموٹ کنٹرول
la télécommande

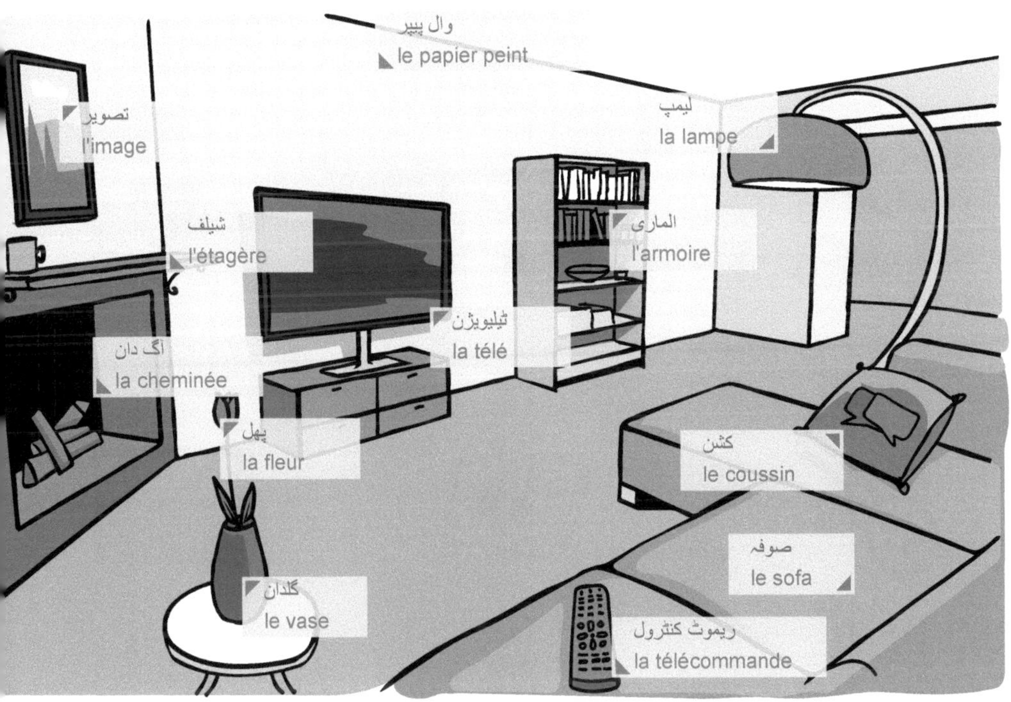

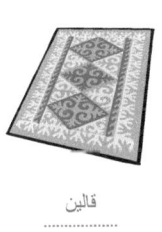

قالین

le tapis

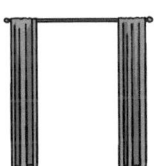

پردے

le rideau

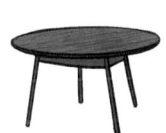

میز

la table

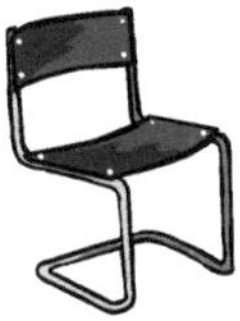

کرسی

la chaise

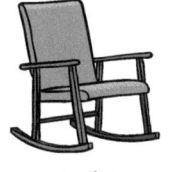

راکنگ چئیر

la chaise à bascule

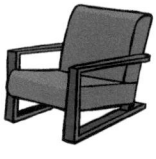

آرم چئیر

le fauteuil

کتاب

le livre

کمبل

la couverture

ڈیکوریشن

la décoration

کولے

le bois de chauffage

فلم

le film

ہائی فائی آلات

la chaîne hi-fi

چابی

la clé

اخبار

le journal

پینٹنگ

la peinture

پوسٹر

le poster

ریڈیو

la radio

نوٹ پیڈ

le bloc-notes

ہوور

l'aspirateur

کیکٹس

le cactus

موم بتی

la bougie

مائیکرو ویو اوون
le four à micro-ondes

فرج
le réfrigérateur

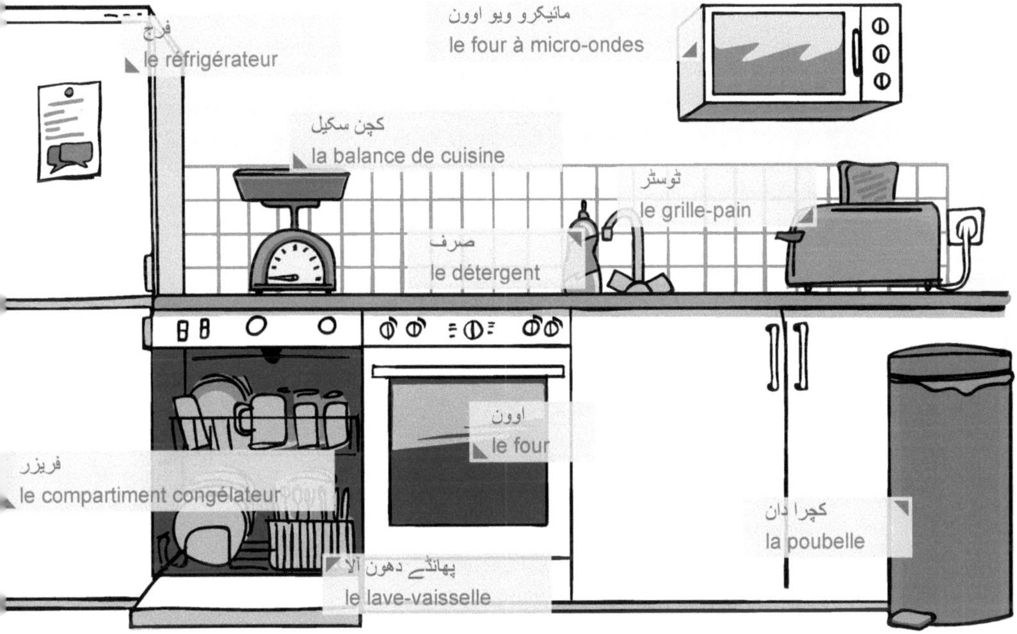

کچن سکیل
la balance de cuisine

ٹوسٹر
le grille-pain

صرف
le détergent

اوون
le four

فریزر
le compartiment congélateur

کچرا دان
la poubelle

پھانڈے دھون آلا
le lave-vaisselle

ککر	پاٹ	کاسٹ آنرن پاٹ
le four	la casserole	la marmite

ووک / کدائی	پین	کیتلی
le wok / kadai	la poêle	la bouilloire electrique

سٹیمر

le cuiseur vapeur

بیکنگ ٹرے

la plaque de cuisson

پھانٹے

la vaisselle

مگا

le gobelet

پیالہ

la coupe

چوپ سٹکس

les baguettes

کرچھل

la louche

اسپالی

la spatule

پھینٹں آلا

le fouet

چھننا

la passoire

چھننی

le tamis

جھاواں

la râpe

کھان پکان آلا چمچہ

le mortier

باربی کیو

le barbecue

چولھا

la cheminée

کٹنگ بورڈ
....
la planche à découper

رولنگ پن
....
le rouleau à pâtisserie

کارک سکرو
....
le tire-bouchon

کین
....
la boîte

کین کھلون آلا
....
l'ouvre-boîte

کین کھلون آلا
....
les maniques

سنک
....
le lavabo

برش
....
la brosse

سپنج
....
l'éponge

بلینڈر
....
le mixeur

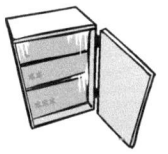

ڈیپ فریزر
....
le congélateur

بچے نی بوتل
....
le biberon

ٹوٹی
....
le robinet

la salle de bain

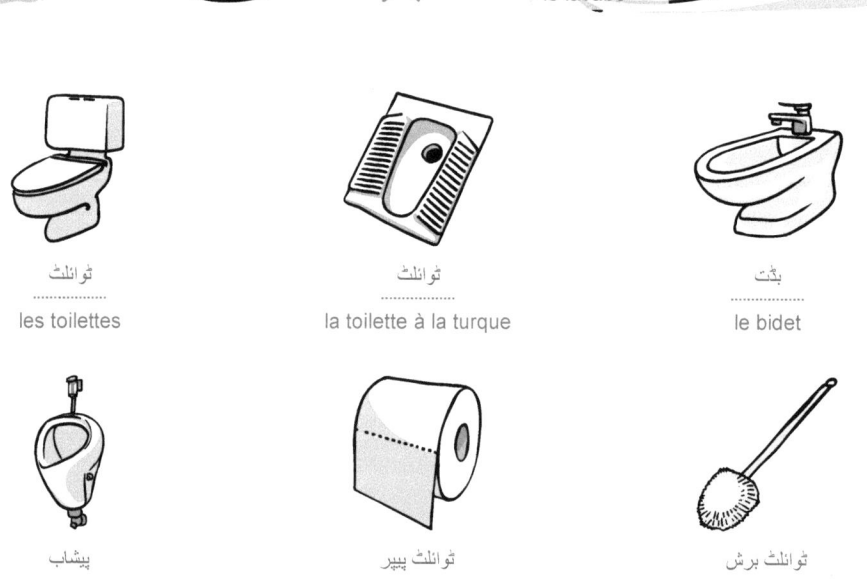

شاور
la douche

پیٹھگ
le chauffage

تولیہ
la serviette

شاور کرٹن
le rideau de douche

ببل باتہ
le bain moussant

نہان آلا ثب
la baignoire

گلاس
le verre

واشنگ مشین
la machine à laver

ثائل
le carrelage

ٹوٹی
le robinet

پاخانہ
le pot

سنک
le lavabo

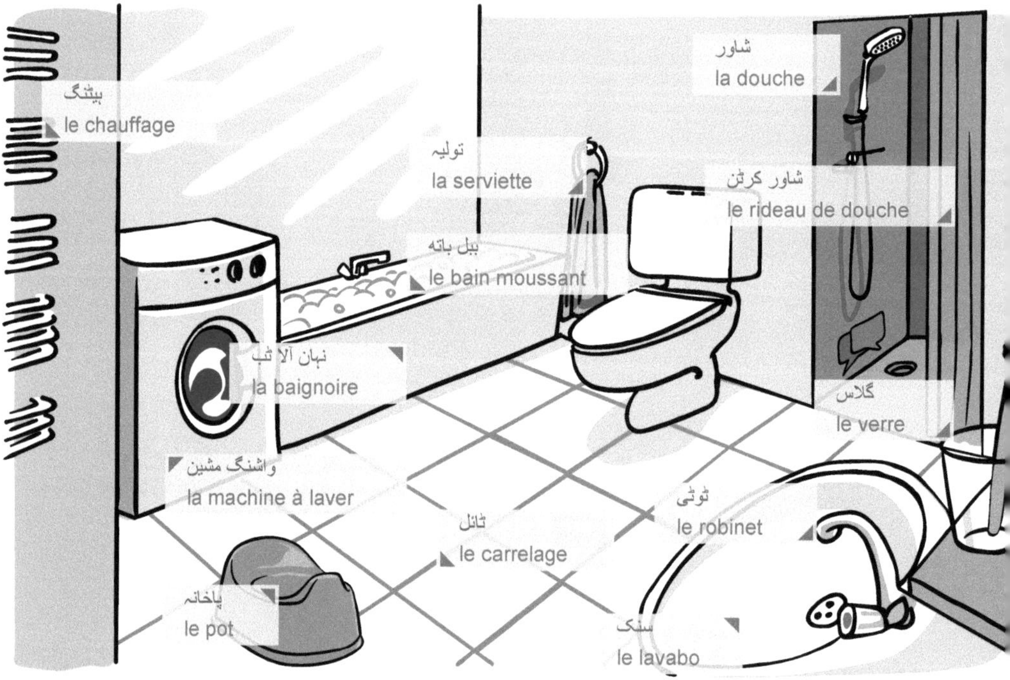

ٹوائلٹ
les toilettes

ٹوائلٹ
la toilette à la turque

بڈٹ
le bidet

پیشاب
l'urinoir

ٹوائلٹ پیپر
le papier toilette

ٹوائلٹ برش
la brosse à toilette

ﺗﻮﺗﻪ ﺑﺮﺵ

la brosse à dents

ﺗﻮﺗﻪ ﭘﻴﺴﺖ

le dentifrice

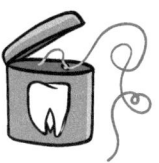

ﺩﻳﻨﺘﻞ ﻓﻼﺱ

le fil dentaire

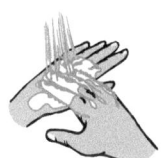

ﺩﻫﻮﻧﺎ

laver

ﺑﺘﻪ ﻭﭺ ﭘﻬﮍﻥ ﺁﻻ ﺷﺎﻭﺭ

la douche manuelle

ﺷﺎﻭﺭ

la douche intime

ﺑﻴﺴﻦ

la vasque

ﺑﻴﮏ ﺑﺮﺵ

la brosse dorsale

ﺻﺎﺑﻦ

le savon

ﺷﺎﻭﺭ ﺟﺒﺎ،

le gel douche

ﺷﻴﻤﻮ

le shampooing

ﻓﻼﻟﻴﻦ

le gant de toilette

ﻧﺎﻟﻰ

l'écoulement

ﮐﺮﻳﻢ

la crème

ﺩﻳﻮﮈﺭﻧﭧ

le déodorant

أئينہ

le miroir

بتہ آلا شيشہ

le miroir cosmétique

استرا

le rasoir

شيونگ فوم

la mousse à raser

آفٹر سيو

l'après-rasage

كنگها

la peigne

برش

la brosse

ہئير ڈرائر

le sèche-cheveux

ہئير سپرے

la laque pour cheveux

ميک اپ

le fond de teint

لپ سٹک

le rouge à lèvres

ناخن نى وارنش

le vernis à ongles

كاٹن وول

l'ouate

ناخن كٹر

le coupe-ongles

پرفيوم

le parfum

واش بیگ

la trousse de toilette

پاخانہ

le tabouret

وزن دا پیمانہ

le pèse-personne

باتھ نی الماری

le peignoir

ربر نے دستانہ

les gants de nettoyage

بفر

le tampon

تولیہ سٹینڈ

es serviettes hygiéniques

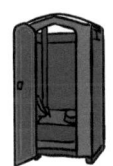

کیمیکل ٹوائلٹ

la toilette chimique

بچیاں نا کمرہ

la chambre d'enfant

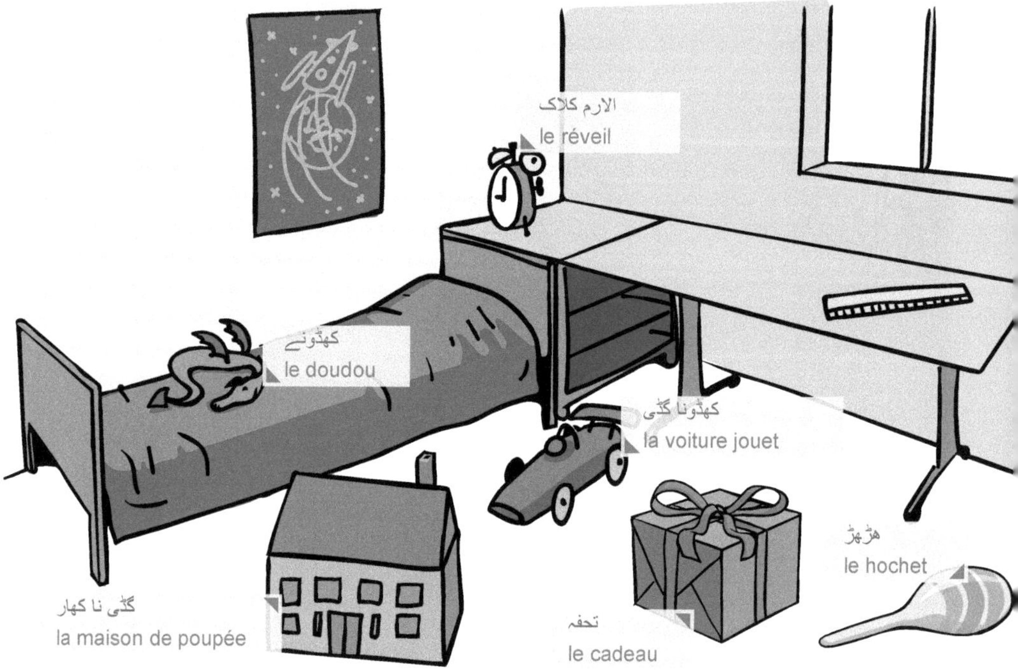

الارم کلاک
le réveil
کھڈونے
le doudou
کھڈونا گڈی
la voiture jouet
ھڑھڑ
le hochet
گڈی نا کھار
la maison de poupée
تحفہ
le cadeau

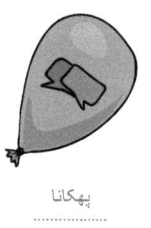

پھکانا

le ballon

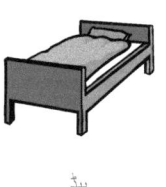

بیڈ

le lit

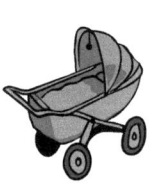

پرام

la poussette

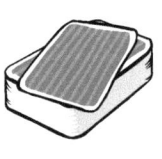

تاش نے پتے

le jeu de cartes

جگ سا

le puzzle

SUPER MEGA

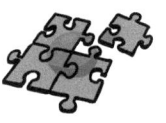

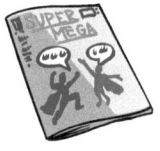

کامک

la bande dessinée

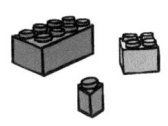

لیگو بِرکس

les pièces lego

بلڈنگ بلاکس

les blocs de construction

کھڈونا

la figurine

بے بی گرو

la grenouillère

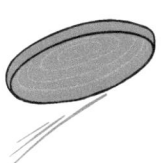

فرزوی

le frisbee

موبائل

le mobile

بورڈ گیم

le jeu de société

ڈائس

le dé

ماڈل ٹرن سیٹ

le train miniature

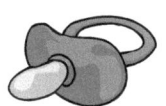

ٹمی

la sucette

پارٹی

la fête

تصویری کتاب

le livre d'images

گیند

la balle

گڈی

la poupée

کھیڈنا

jouer

سینڈ پٹ

le bac à sable

جھولا

la balançoire

کھڈونے

les jouets

ویڈیو گیم کنسول

la console de jeu

ٹرائی سائیکل

le tricycle

ٹیڈی بیئر

l'ours en peluche

الماری

l'armoire

کپڑے

les vêtements

جرابیں

les chaussettes

جرابیں

les bas

ٹائٹس

le collant

سکارف
l'écharpe

چھتری
le parapluie

ٹی شرٹ
le t-shirt

بیلٹ
la ceinture

بوٹ
les bottes

سلیپر
les pantoufles

جوگر
les baskets

سینڈل
les sandales

جوتی
les chaussures

ربڑ نے جوتی
les bottes de caoutchouc

انڈر وئیر
les sous-vêtements

برا
le soutien-gorge

بنیان
le maillot de corps

جسم

le body

پاجامہ

le pantalon

جینز

le jean

سکرٹ

la jupe

برا

le chemisier

قمیض

la chemise

سوئیٹر

le pull

ہوڈی

le sweat à capuche

کوٹ

la veste

جیکٹ

la veste

کوٹ

le manteau

برساتی

l'imperméable

کاسٹیوم

le costume

کپڑے

la robe

شادی نا جوڑا

la robe de mariée

سوٹ

le costume

راتے نے کپڑے

la chemise de nuit

پاجامہ

le pyjama

ساڑھی

le sari

سکارف

le foulard

پگڑی

le turban

برقعہ

la burqa

کفتان

le caftan

برقعہ

l'abaya

نہان والے کپڑے

le maillot de bain

انڈرویر

le maillot de bain

نیکر

le short

ٹریک سوٹ

la tenue d'entraînement

دھوتی

le tablier

دستانے

les gants

بٹن
....
le bouton

چشمہ
....
les lunettes

بریسلیٹ
....
le bracelet

ہار
....
le collier

انگوٹھی
....
la bague

کنٹے
....
la boucle d'oreille

ٹوپی
....
le bonnet

کوٹ ہینگر
....
le cintre

ٹوپی
....
le chapeau

ٹائی
....
la cravate

زپ
....
la fermeture éclair

ہیلمٹ
....
le casque

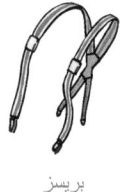

بریسز
....
les bretelles

سکول نی وردی
....
l'uniforme scolaire

وردی
....
l'uniforme

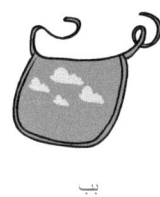

بب

le bavoir

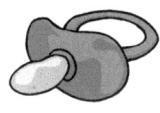

ڈمی

la sucette

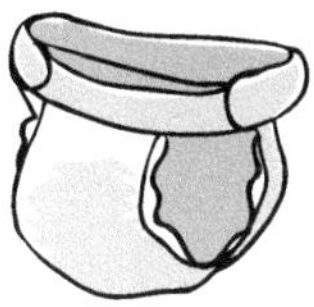

ناپی

la lange

دفتر

le bureau

سرور
le serveur
فائلاں نے الماری
l'armoire d'archivage
کاغذ
le papier
پرنٹر
l'imprimante
مانیٹر
l'écran
ماؤس
la souris
میز
le bureau
فولڈر
le classeur
کی بورڈ
le clavier
کچرے نا ڈبہ
la corbeille à papier
کمپیوٹر
l'ordinateur
کرسی
la chaise

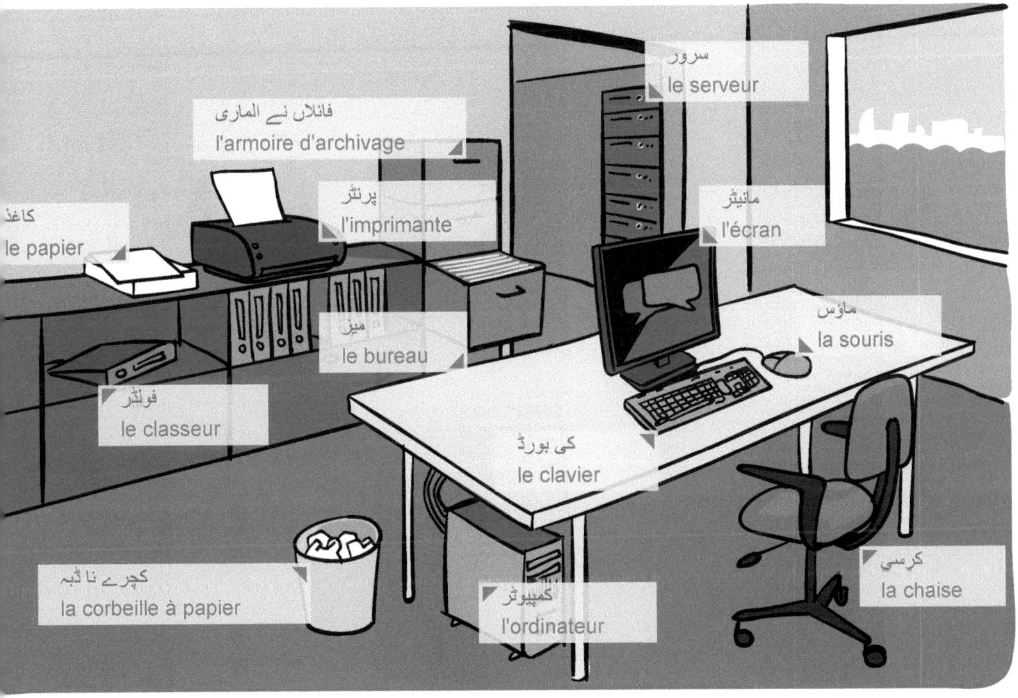

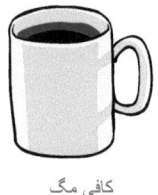

کافی مگ

la tasse de café

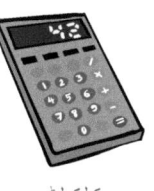

کیلکولیٹر

la calculatrice

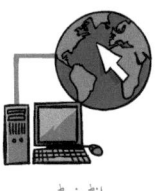

انٹرنیٹ

l'internet

لیپ ټاپ

l'ordinateur portable

خط

la lettre

پیغام

le message

موبائل

le portable

نیټ ورک

le réseau

فوټو کاپینر

la photocopieuse

سافټ وئیر

le logiciel

ټیلیفون

le téléphone

پلگ ساکټ

la prise

فکس مشین

le fax

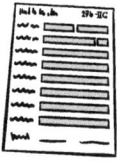

فارم

le formulaire

دستاویزات

le document

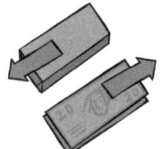

خريدنا

acheter

ادا كرنا

payer

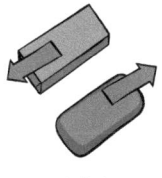

تجارت

faire du commerce

پيسہ

la monnaie

ڈالر

le dollar

يورو

l'euro

ين

le yen

ربل

le rouble

سويس فرانک

le franc suisse

رينمينبی يوان

le renminbi yuan

روپيہ

la roupie

کيش پوائنٹ

le distributeur automatique

ایکسچینج دفتر

le bureau de change

سونا

l'or

چاندی

l'argent

تیل

le pétrole

توانائی

l'énergie

قیمت

le prix

معاہدہ

le contrat

ٹیکس

la taxe

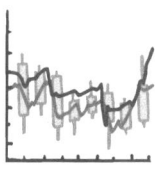

سٹاک

l'action

کم

travailler

ملازم

l'employé

آجر

l'employeur

فیکٹری

l'usine

بٹی

le magasin

پیشہ
les professions

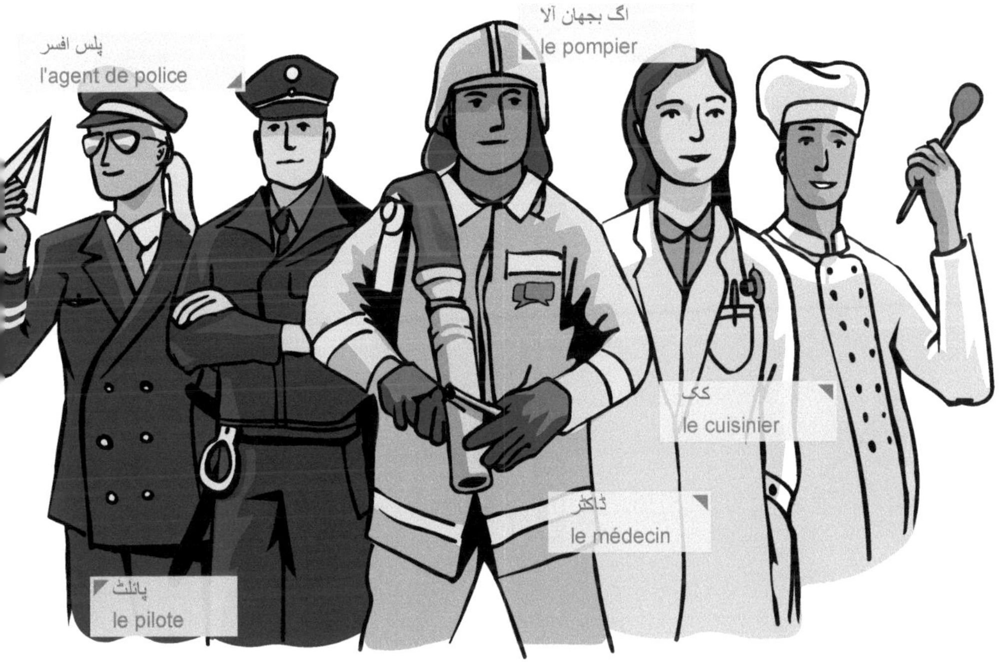
پلس افسر
l'agent de police
اگ بجھان آلا
le pompier
کک
le cuisinier
ڈاکٹر
le médecin
پائلٹ
le pilote

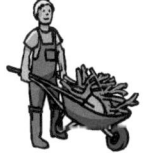

مالی

le jardinier

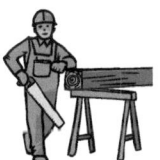

برھئی

le menuisier

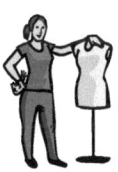

درزن

la couturière

جج

le juge

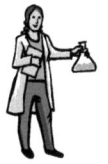

کیمسٹ

le chimiste

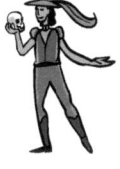

ایکٹر

l'acteur

بس ڈرائیور

le conducteur de bus

ٹیکسی ڈرائیور

le chauffeur de taxi

مچھیرا

le pêcheur

صفائی آلی جنانی

la femme de ménage

روفر

le couvreur

ویٹر

le serveur

شکاری

le chasseur

پینٹر

le peintre

بیکری آلا

le boulanger

الیکٹریشن

l'électricien

تعمیرات آلا

l'ouvrier

انجینئر

l'ingénieur

قصائی

le boucher

پلمبر

le plombier

پوسٹ مین

le facteur

سپاہی

le soldat

آرکیٹیکٹ

l'architecte

کیشنیر

le caissier

پھلاں آلا

le fleuriste

نائی

le coiffeur

کنٹکٹر

le contrôleur

مکینک

le mécanicien

کپتان

le capitaine

دندان ساز

le dentiste

سائنس دان

le scientifique

ربائی

le rabbin

امام

l'imam

راہب

le moine

انگریز

le prêtre

les outils

بتھوڑا
le marteau

پلائر
les pinces

سکریو ڈرانیور
le tournevis

سپینر
la clé

ثارچ
la torche

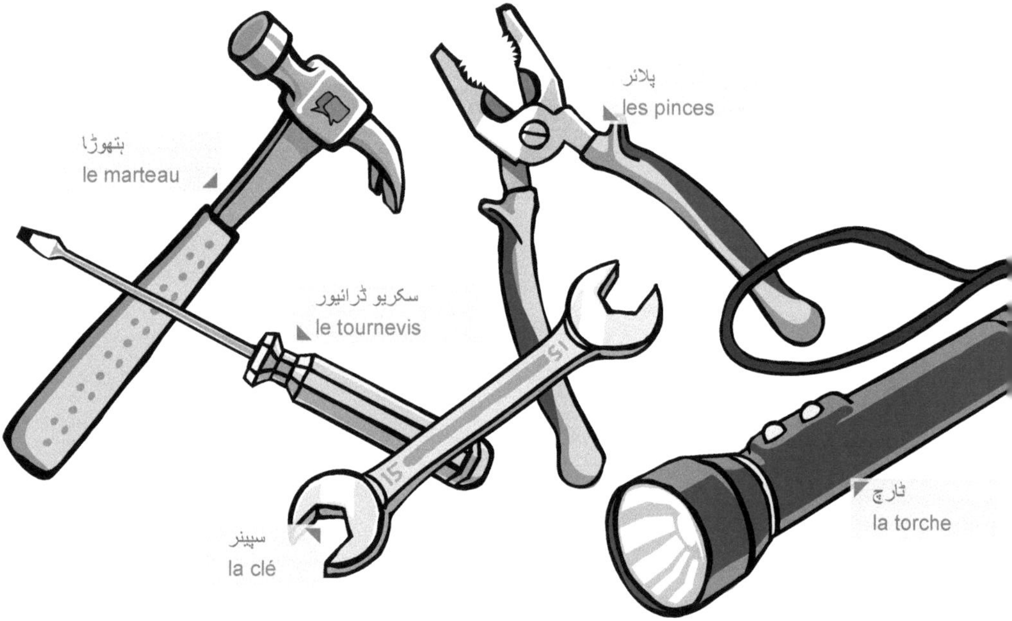

پھاوڑا
la pelleteuse

ٹول باکس
la boîte à outils

سیڑھی
l'échelle

آری
la scie

کیل
les clous

ڈرل
la perceuse

مرمت

réparer

شاول

la pelle

لعنت!

Mince !

ڈسٹ پین

la pelle

پینٹ پاٹ

le pot de peinture

سکریوز

les vis

موسیقی نے آلات

les instruments de musique

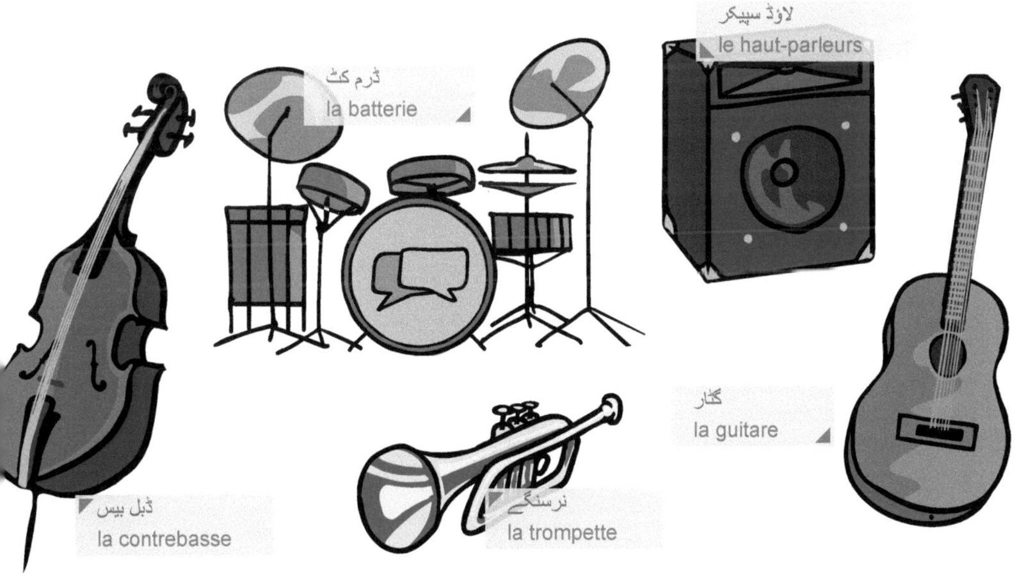

ڈرم کٹ
la batterie

لاوڈ سپیکر
le haut-parleurs

گٹار
la guitare

ڈبل بیس
la contrebasse

نرسنگے
la trompette

پیانو

le piano

وائلن

le violon

بیس

la basse

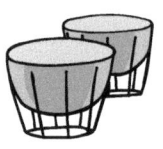

ٹمپانی

les timbales

ڈرمز

le tambour

کی بورڈ

le piano électrique

سیگزو فون

le saxophone

بانسری

la flûte

مائکروفون

le microphone

داخلہ
l'entrée

چیتا
le tigre

پنجرہ
la cage

زیبرا
le zèbre

جانوروں دا کھانا
l'alimentation animale

پانڈا
le panda

جانور

les animaux

باتھی

l'éléphant

کینگرو

le kangourou

گینڈا

le rhinocéros

گوریلا

le gorille

ریچھ

l'ours

اونٹ

le chameau

شترمرغ

l'autruche

شیر

le lion

باندر

le singe

فلیمنگو

le flamand rose

طوطا

le perroquet

برفانی ریچھ

l'ours polaire

پینگوئین

le pingouin

شارک

le requin

مور

le paon

سپ

le serpent

مگرمچھ

le crocodile

چڑیا گھر دا رکھوالا

le gardien de zoo

سیل

le phoque

جیگوار

le jaguar

پونی

le poney

لیپرڈ

le léopard

ہپو

l'hippopotame

زرافہ

la girafe

چیل

l'aigle

نر سور

le sanglier

مچھی

le poisson

کیچھوا

la tortue

والرس

le morse

لومڑ

le renard

گیزل

la gazelle

les sports

امریکن فٹبال
l'american Football

سائکلنگ
le cyclisme

ٹینس
le tennis

باسکٹ بال
le basket-ball

سوئیمنگ
la natation

باکسنگ
la boxe

آئس ہاکی
le hockey sur glace

فٹبال
le football

بیڈ منٹن
le badminton

ایتھلیٹکس
l'athlétisme

ہینڈ بال
le handball

سکیینگ
le ski

پولو
le polo

بنسنا
rire

چھال ما
uter

چھپی پانا
embrasser

چلنا
marcher

گانا گانا
chanter

خواب
rêver

دعا
prier

بوسہ
faire la bise

لکھنا
écrire

لیک لانا
dessiner

وکھانا
montrer

دھکا
pousser

دینا
donner

لینا
prendre

بے وے

avoir

کرنا

faire

ہو

être

کھلونا

être debout

دوڑنا

courir

چھیکنا

trier

ستنا

jeter

ٹھینا

tomber

جھوٹ

être couché

انتظار

attendre

چکنا

porter

بیٹھنا

être assis

کپڑے پانا

s'habiller

سونا

dormir

جاگنا

se réveiller

ویکھنا

regarder

رونا/چلانا

pleurer

سٹروک

caresser

کنگھا

peigner

گل کرنا

parler

سمجھنا

comprendre

پوچھنا/دسنا

demander

سننا

écouter

پینا

boire

کھانا

manger

تیار بونا

ranger

محبت

aimer

پکانا

cuire

گڈی چلانا

conduire

اڈنا

voler

سمندری سفر

faire de la voile

کیلکولیٹ

calculer

پڑھنا

lire

سیکھنا

apprendre

کم

travailler

شادی

se marier

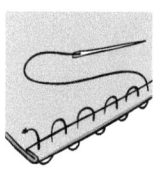

سیونا

coudre

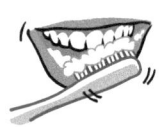

دند صاف

brosser les dents

قتل

tuer

دھواں

fumer

بھیجنا

envoyer

la famille

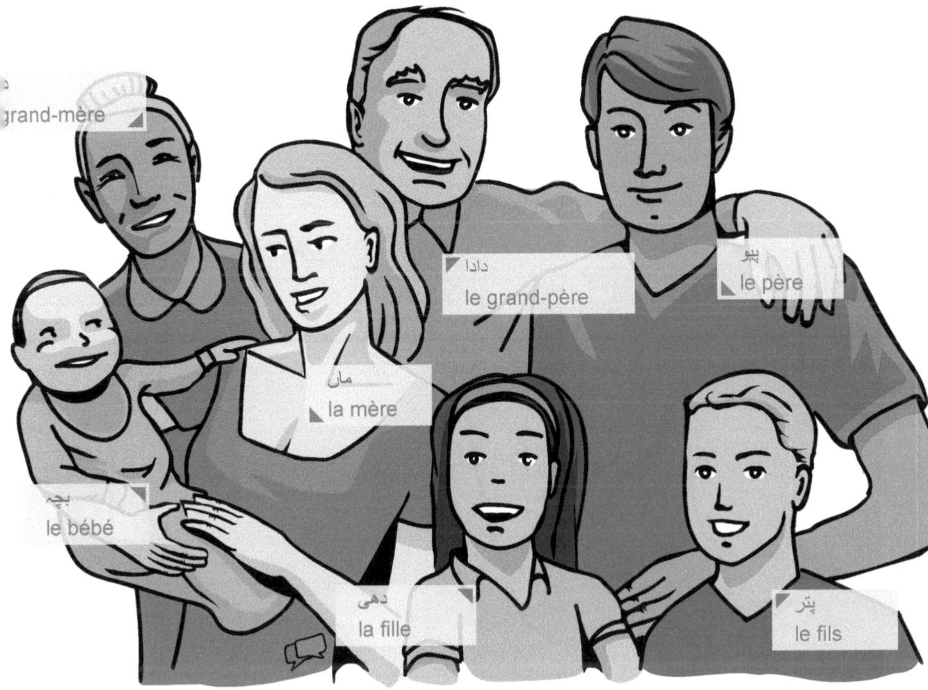
grand-mère
دادا
le grand-père
پیو
le père
ماں
la mère
بچہ
le bébé
دھی
la fille
پتر
le fils

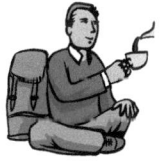

مہمان

l'hôte

ماسی / پھو

la tante

چاچا/ماما

l'oncle

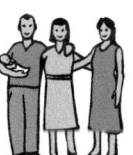

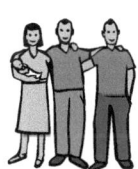

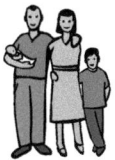

بھرا

le frère

بہن

la sœur

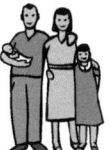

جسم

le corps

متھا
le front
اکھ
l'œil
منڈھے
l'épaule
انگلی
le doigt
منہ
le visage
ٹھوڑی
le menton
ہتھ
la main
چھاتی
la poitrine
لت
la jambe
بانہ
le bras

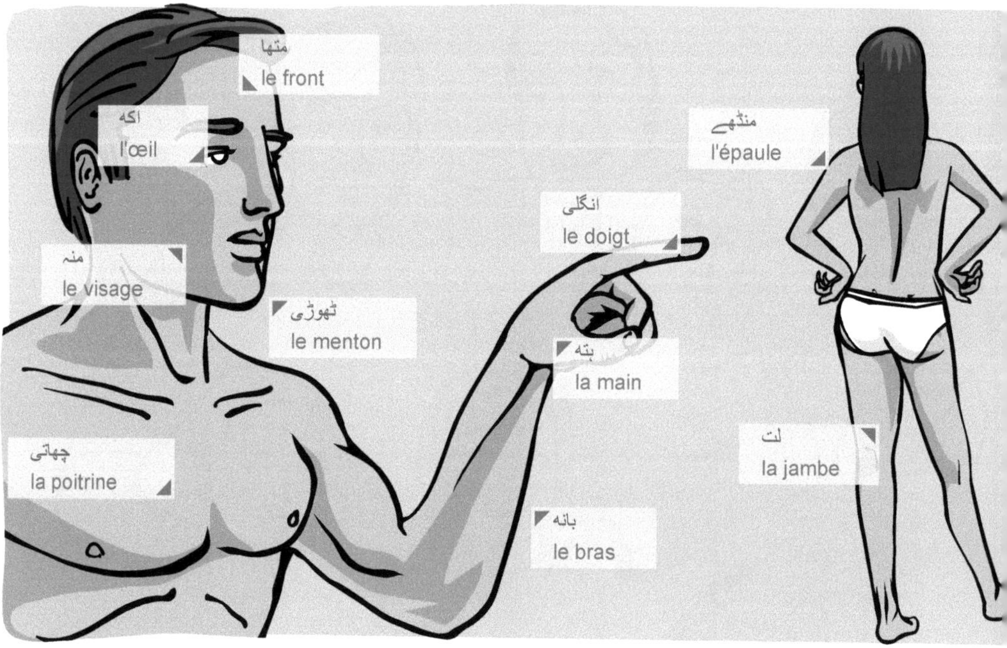

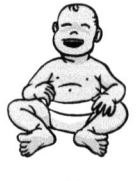

بچہ

le bébé

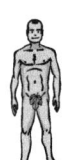

بندہ

l'homme

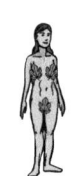

جنانی

la femme

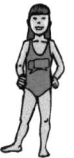

کڑی

la fille

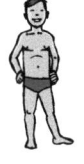

مڑا

le garçon

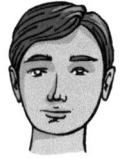

سر

la tête

کمر

le dos

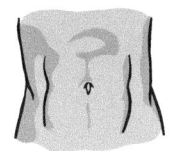

تِهڈ

le ventre

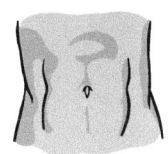

تھنی

le nombril

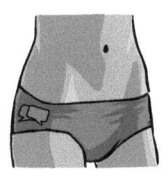

پنجہ

l'orteil

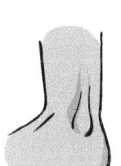

اڑی

le talon

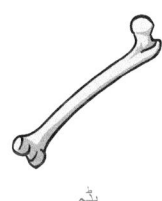

بڈی

l'os

کولہے

la hanche

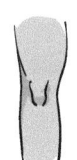

گوڈے

le genou

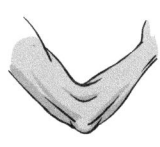

کہنی

le coude

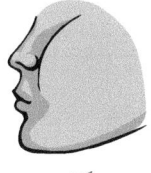

نک

le nez

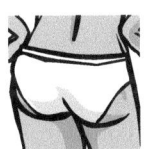

زیر جامہ

les fesses

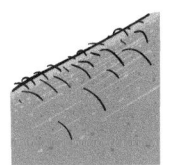

کھل

la peau

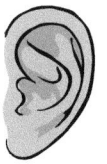

گلاں

la joue

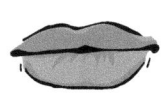

کن

l'oreille

بل

la lèvre

منہ

la bouche

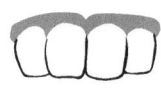

دند

la dent

زبان

la langue

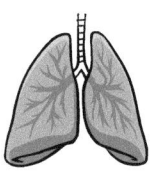

دماغ

le cerveau

دل

le cœur

پٹھے

le muscle

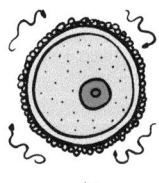

پھیپڑے

les poumons

جگر

le foie

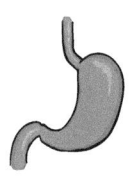

تھڈ

l'estomac

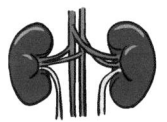

گردے

les reins

جنس

le rapport sexuel

کنڈم

le préservatif

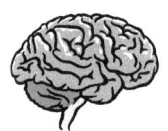

انڈے

l'ovule

منی

le sperme

حمل

la grossesse

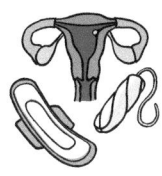

حيض

la menstruation

اندام نباتى

le vagin

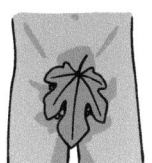

عضو تناسل

le pénis

بهوں

le sourcil

بال

les cheveux

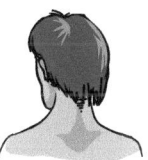

گردن

le cou

ہسپتال
l'hôpital

ہسپتال
l'hôpital
ایمبولنس
l'ambulance
وھیل چئیر
le fauteuil roulant
فریکچر
la fracture

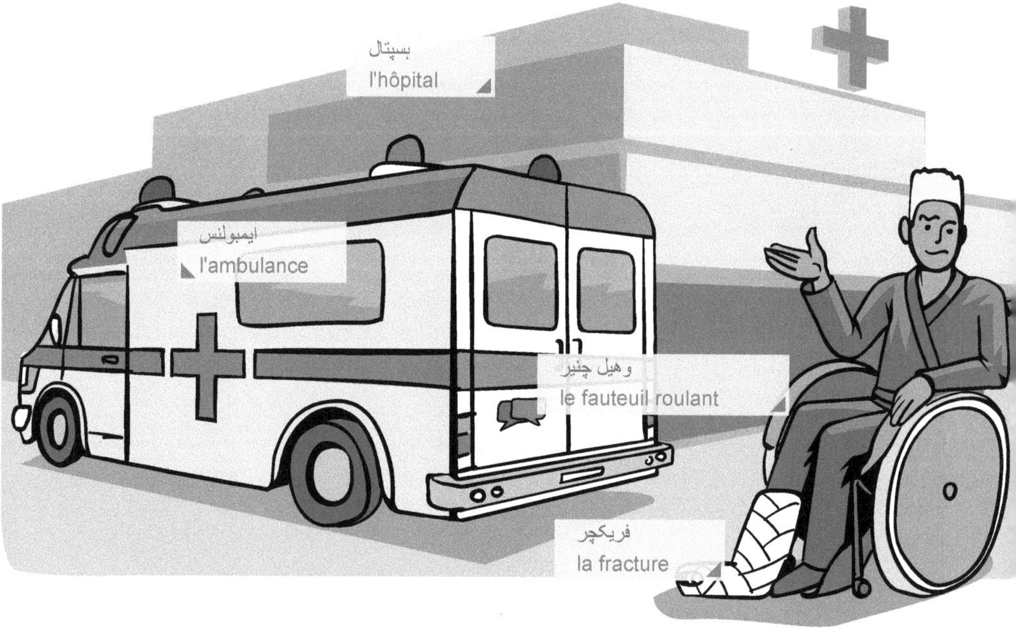

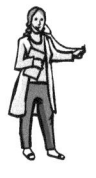

ڈاکٹر

le médecin

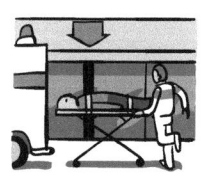

ہنگامی کمرہ

le service des urgences

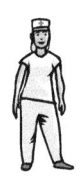

نرس

l'infirmière

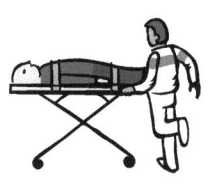

ایمرجنسی

l'urgence

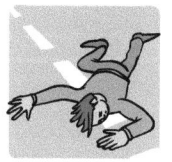

بے ہوش

inconscient

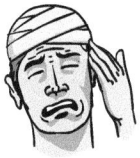

درد

la douleur

سٹ

la blessure

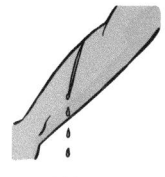

خون نکلنا

l'hémorragie

دل نا دوره

la crise cardiaque

فالج

l'attaque cérébrale

الرجی

l'allergie

کهنگ

la toux

تپ

la fièvre

نزله

la grippe

اسہال

la diarrhée

سر درد

le mal de tête

کینسر

le cancer

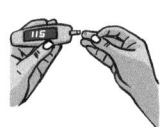

شوگر(ذیابطس)

le diabète

سرجن

le chirurgien

سکیلیل

le scalpel

آپریشن

l'opération

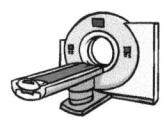

سی ٹی

le CT

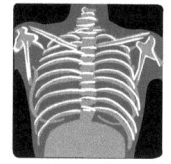

ایکسرے

la radiographie

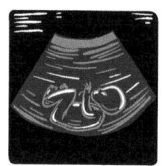

الٹرا ساؤنڈ

l'échographie

چہرہ نا ماسک

le masque

بماری

la maladie

انتظار گاہ

la salle d'attente

بیساکھی

la béquille

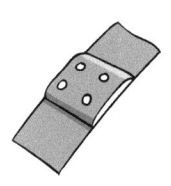

پلستر

le pansement

پٹی

le pansement

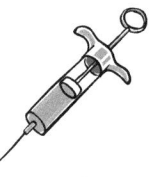

ٹیکہ

l'injection

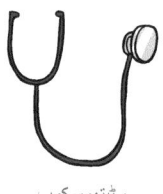

سٹیتھوسکوپ

le stéthoscope

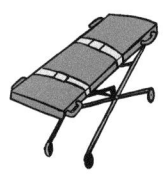

اسٹریچر

le brancard

کلینکل تھرمومیٹر

le thermomètre

پیدائش

l'accouchement

زائدالوزن

la surcharge pondérale

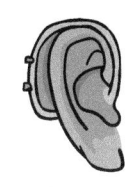

سنن لئی آلہ

l'appareil auditif

جراثیم کش

le désinfectant

متعدی مرض

l'infection

وائرس

le virus

HIV/AIDS

le VIH / le sida

دوائی

le médicament

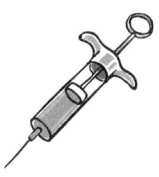

ویکسینیشن

la vaccination

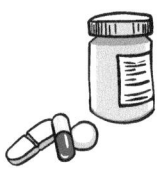

گولیاں

les comprimés

گولی

la pilule

بنگامی کال

l'appel d'urgence

بلڈ پریشر مانیٹر

le tensiomètre

بیمار / صحتمند

malade / sain

مدد!

Au secours !

الارم

l'alarme

حملہ

l'assaut

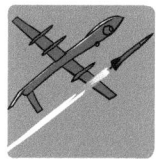

حملہ

l'attaque

خطرہ

le danger

ہنگامی اخراج

la sortie de secours

آگ!

Au feu!

اگ بجاهن والا آلہ

l'extincteur

حادثہ

l'accident

فرسٹ ایڈ کٹ

la trousse de premier
secours

SOS

SOS

پلس

la police

یورپ

l'Europe

شمالی امریکه

l'Amérique du Nord

جنوبی امریکه

l'Amérique du Sud

افریقه

l'Afrique

ایشیاء

l'Asie

آسترّیلیا

l'Australie

اتلانتک

l'Océan atlantique

پیسیفک

l'Océan pacifique

بحیره بند

l'Océan indien

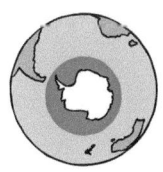

بهیره انتارکتک

l'Océan antarctique

بهیره آرکټیک

l'Océan arctique

قطب شمالی

le Pôle nord

قطب جنوبی

le Pôle sud

انتارکتیکا

l'Antarctique

زمین

la terre

خشکی

le pays

سمندر

la mer

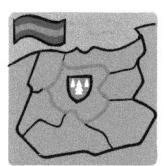

جزیره

l'île

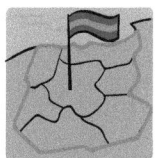

قوم

la nation

ریاست

l'état

کلاک فیس

le cadran

نکی سوئی

l'aiguille des heures

وڈی سوئی

l'aiguille des minutes

سیکنڈ ہینڈ

l'aiguille des secondes

کی ٹائم ہویا اے؟

Quelle heure est-il ?

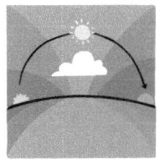

دن

le jour

وقت

le temps

ہون

maintenant

ڈیجیٹل گھڑی

la montre digitale

منٹ

la minute

گھنٹہ

l'heure

la semaine

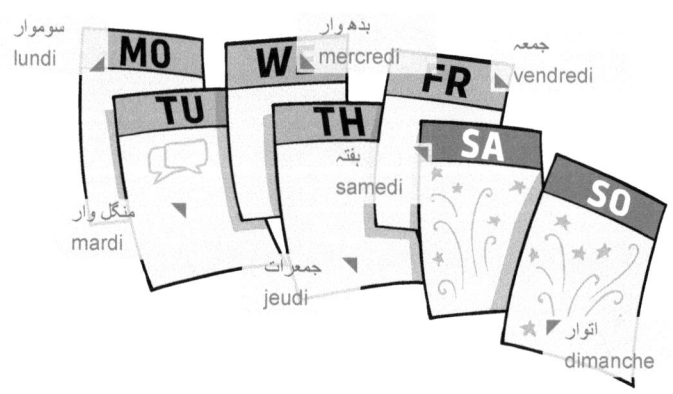

سوموار
lundi

بدهوار mercredi

جمعہ vendredi

TU

بفتہ
samedi

مٹگل وار
mardi

جمعرات
jeudi

اتوار
dimanche

کل
hier

آج
aujourd'hui

کل
demain

سویر
le matin

دوپہر
le midi

شام
le soir

MO	TU	WE	TH	FR	SA	SU
1	2	3	4	5	6	7
8	9	10	11	12	13	14
15	16	17	18	19	20	21
22	23	24	25	26	27	28
29	30	31	1	2	3	4

کاروباری دن
les jours ouvrables

ویک اینڈ
le week-end

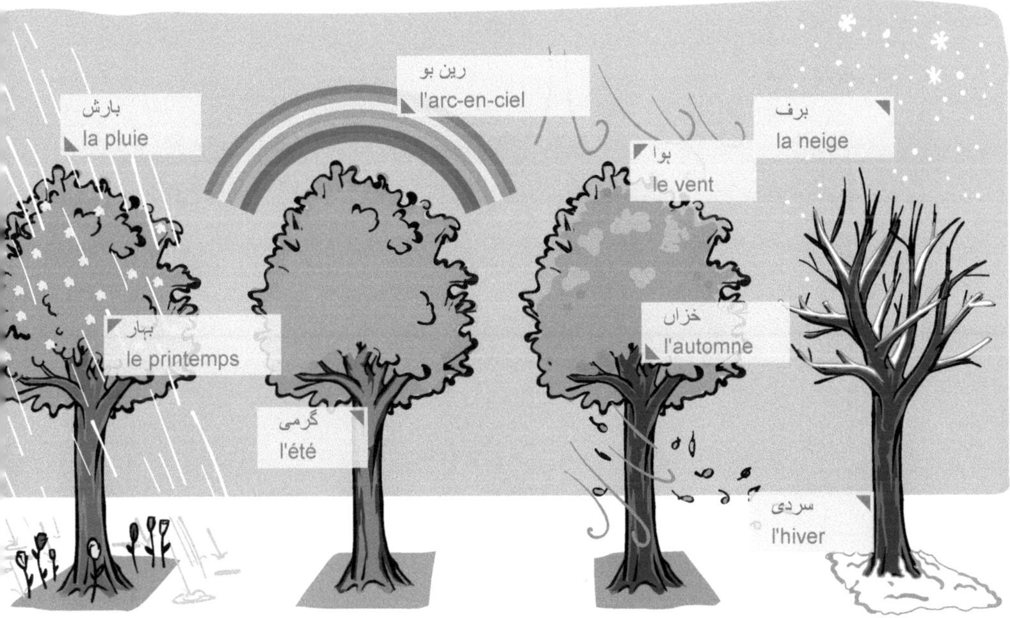

بارش
la pluie
رین بو
l'arc-en-ciel
برف
la neige
ہوا
le vent
بہار
le printemps
خزاں
l'automne
گرمی
l'été
سردی
l'hiver

4.APRIL 11°
5.APRIL 4°
6.APRIL 13°
7.APRIL 8°
8.APRIL 10°

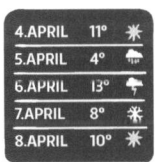

موسمی پیشگوئی

....

la météo

F
C
120
90
60
30
0
-30
40
30
20
10
0
-10
20

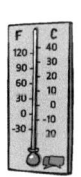

تھرمامیٹر

....

le thermomètre

سورج نے چمک

....

la lumière du soleil

بدل

....

le nuage

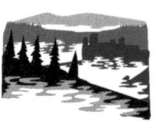

دھند

....

le brouillard

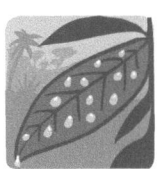

نمی

....

l'humidité

بجلی کڑکنا

la foudre

گرج

la tonnerre

نہیری

la tempête

اولے

la grêle

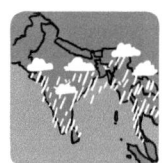

ساون

la mousson

سیلاب

l'inondation

برف

la glace

جنوری

janvier

فروری

février

مارچ

mars

اپریل

avril

منی

mai

جون

juin

جولائی

juillet

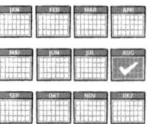

اگست

août

سال - l'année

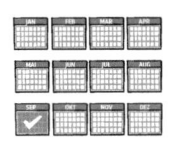

ستمبر
....
septembre

اکتوبر
....
octobre

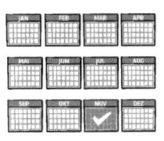

نومبر
....
novembre

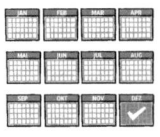

دسمبر
....
décembre

شکلاں

les formes

گول
....
le cercle

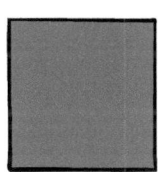

چوکور
....
le carré

مستطیل
....
le rectangle

مثلث
....
le triangle

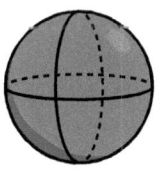

دائرہ نما
....
la sphère

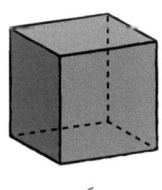

مکعب
....
le cube

رنگ

les couleurs

چٹا
blanc

پیلا
jaune

نارنجی
orange

گلابی
rose

رتا
rouge

جامنی
violet

نیلا
bleu

ہرا
vert

کتھئی
marron

سرمئی
gris

کالا
noir

les oppositions

زیاده / گھٹ

beaucoup / peu

ناراض / پرسکون

fâché / calme

خوبصورت / بدصورت

joli / laid

ابتداء / اختتام

le début / la fin

وٹا / نکا

grand / petit

روشن / نھيرا

clair / obscure

بھرا / بہن

frère / soeur

صاف / گندا

propre / sale

مکمل / نا مکمل

complet / incomplet

دن / رات

le jour / la nuit

مردہ / انده

mort / vivant

چوڑا / تنگ

large / étroit

خوردنی / ناقابل خوردنی

comestible / incomestible

پھیڑا / چنگا

méchant / gentil

خوش / ناخوش

excité / ennuyé

موٹا / پتلا

gros / mince

پہلا / آخری

le premier / le dernier

دوست / دشمن

l'ami / l'ennemi

بھریا / خالی

plein / vide

سخت / نرم

dur / souple

بھاری / ہلکا

lourd / léger

بھوک / پیاس

faim / soif

بیمار / صحتمند

malade / sain

قانونی / غیر قانونی

illégal / légal

ذہین / بیوقوف

intelligent / stupide

کھبا / سجا

gauche / droite

کولے / دور

proche / loin

نواں / پرانا

nouveau / usé

کجھ نئیں / سب کجھ

rien / quelque chose

بڈّھا / جوان

vieux / jeune

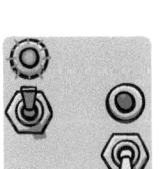

کھولنا / بند کرنا

marche / arrêt

کھولنا / بند کرنا

ouvert / fermé

خاموشی / شور

faible / fort

امیر / غریب

riche / pauvre

درست / غلط

correct / incorrect

کھردرا / بموار

rugueux / lisse

افسرده / خوش

triste / heureux

نکا / لما

court / long

آبستہ / تیز

lent / rapide

گیلا / خشک

mouillé / sec

گرم / ٹھنڈا

chaud / froid

جنگ / امن

la guerre / la paix

les nombres

0

صفر

zéro

1

اک

un / une

2

دو

deux

3

تن

trois

4

چار

quatre

5

پنج

cinq

6

چه

six

7

ست

sept

8

اته

huit

9

نو

neuf

10

دس

dix

11

یاران

onze

12

بار ان

douze

13

تیر ان

treize

14

چودا

quatorze

15

پندره

quinze

16

سوله

seize

17

ستار ان

dix-sept

18

اٹھار ان

dix-huit

19

انیہ

dix-neuf

20

وی

vingt

100

سو

cent

1.000

ہزار

mille

1.000.000

ملین

le million

انگریزی

l'anglais

امریکی انگریزی

l'anglais américain

چینی مینڈیرین

le chinois mandarin

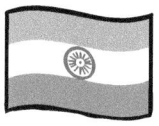

ہندی

le hindi

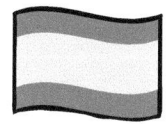

سپینش

l'espagnol

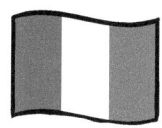

فرینچ

le français

عربی

l'arabe

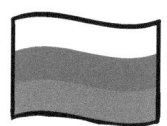

رشین

le russe

پرتگالی

le portugais

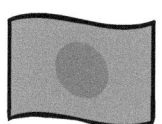

بنگالی

le bengali

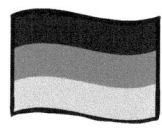

جرمن

l'allemand

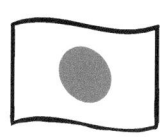

جاپانی

le japonais

میں
....
je

تُوں
....
tu

وہ/اوہ/یہ/ایہہ
....
il / elle / ce, c', cela

اسیں
....
nous

تُوں
....
vous

او
....
ils / elles

کون؟
....
Qui ?

کی؟
....
Quoi ?

کیوں؟
....
Comment ?

کتھے؟
....
Où ?

کدوں؟
....
Quand ?

نال
....
le nom

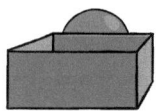

پچھے

derrière

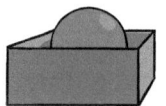

وچ

dans

نے سامنے

devant

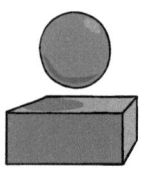

تے

au-dessus

تے

sur

ہیٹھ

en-dessous

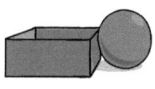

سوا

à côté de

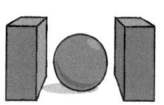

مابین

entre

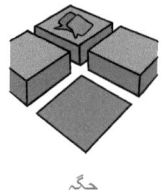

جگہ

le lieu

.